Mi prime[ra]

BiBLia

Libro de Colorear para Niños

Este libro pertenece a:

_____

OSO LILA
libros

Muchas gracias por elegir

MI PRIMERA BIBLIA
LIBRO DE COLOREAR PARA NIÑOS
de 2+ años

Ayude a su pequeño a familiarizarse con las principales historias de la Biblia, así como con algunos de los símbolos y personajes religiosos más importantes, coloreando 60 SIMPLES y GRANDES ilustraciones cristianas.

Cada diseño incluye también la palabra que lo describe, escrita en letras huecas para colorear fácilmente. Mientras tu hijo o hija colorea, ayúdale a aprender estas palabras y a comprender el significado de cada símbolo cristiano de una forma simpática y lúdica.

¿Te ha gustado nuestro libro? Por favor, considere dejarnos una reseña. Sólo te llevará unos segundos y ayudará a que pequeñas empresas como la nuestra lleguen a más lectores. Tu apoyo significa mucho para nosotros.

Echa un vistazo a otros libros de
<u>Oso Lila en Amazon.</u>

ADÁN Y EVA EN EL JARDÍN DEL EDÉN

EL ÁRBOL DEL CONOCIMIENTO

SERPIENTE

ADÁN Y EVA ABANDONAN EL JARDÍN DEL EDÉN

NOÉ

PAREJAS DE ANIMALES

EL GRAN
DILUVIO

EL ARCA
DE NOÉ

DAVID

GOLIAT

JONÁS

JONÁS TRAGADO POR UN GRAN PEZ

LA ZARZA ARDIENTE

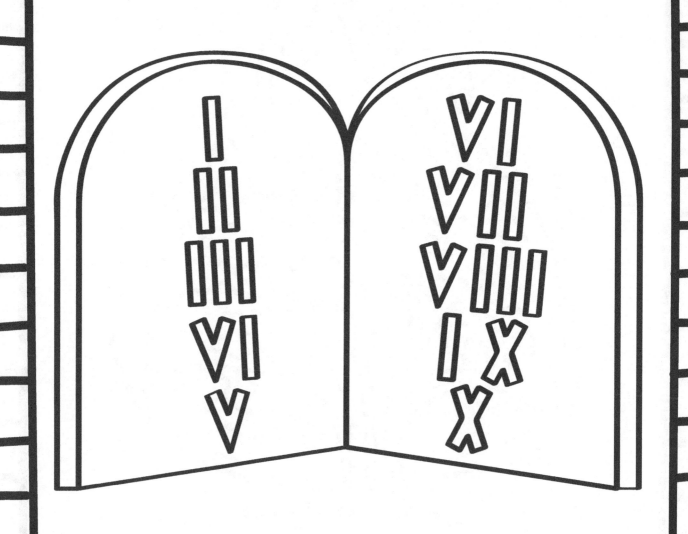

LOS DIEZ MANDAMIENTOS

LA ESTRELLA DE LA NATIVIDAD

ÁNGEL

BEBÉ JESÚS

MARÍA
MADRE DE JESÚS

JOSÉ

LOS TRES REYES MAGOS

PASTOR

JESÚS DE NAZARET

ÁNGEL

JESÚS EN UN BURRO

EL DOMINGO
DE RAMOS

JESUCRISTO

SOLDADO ROMANO

CRUZ

LA MADRE DE JESÚS LLORANDO

CORONA DE ESPINAS

LA TUMBA VACÍA

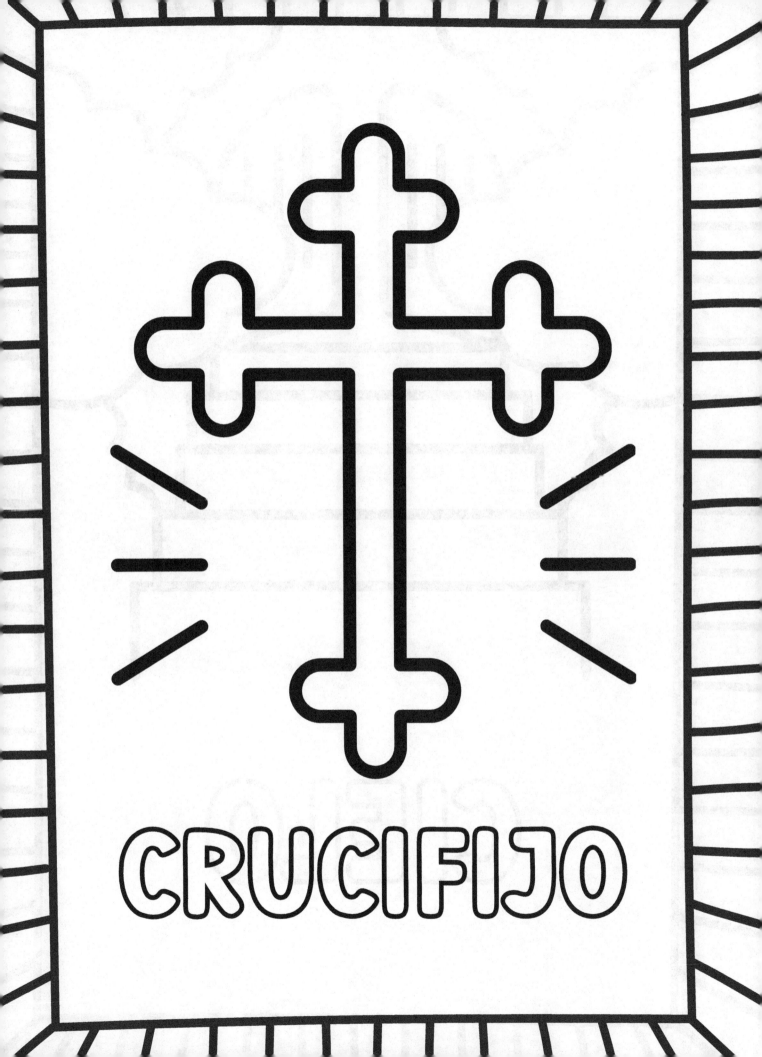

CRUCIFIJO

CORDERO

HUEVOS DE PASCUA

ÁNGEL

VIRGEN MARÍA

PAN Y VINO

¡VAMOS A REZAR!

PALOMA DE LA PAZ

LA EUCARISTÍA

ORACIÓN

IGLESIA

LA PRIMERA
COMUNIÓN

EL PAPA

¡DA GRACIAS AL SEÑOR!

PALOMA DE LA PAZ

SACERDOTE

LA BIBLIA
SAGRADA

CRUZ

MARÍA, LA MADRE DE JESÚS

ROSARIO

MONJA

CAMPANAS
DE LA IGLESIA

VELA

ALTAR DE LA
IGLESIA

Mi Primera Biblia
Libro para colorear para niños desde 2 años

Made in United States
Orlando, FL
31 October 2023

38421580R00037